La visión de Caballo Loco

POR **JOSEPH BRUCHAC** • ILUSTRADO POR **S.D. NELSON**

TRADUCIDO POR **LUIS HUMBERTO CROSTHWAITE**

LEE & LOW BOOKS INC. • NUEVA YORK

La visión de
Caballo Loco

DICEN QUE Caballo Loco siempre fue distinto. Muchos niños lloran al nacer, pero Caballo Loco no lo hizo. Estudió al mundo con ojos serios.

—Mira a nuestro hijo —dijo su madre—. ¡Qué valiente!

—Mira qué rizado tiene el cabello —dijo su padre Tashunka Witco.

—Lo llamaremos Rizos —dijo su madre.

Pasaron las estaciones. El niño llamado Rizos creció fuerte y delgado, pero nunca sería alto. Aunque era pequeño, Rizos era un líder. Cuando otros hablaban, él guardaba silencio. Cuando otros titubeaban, él intervenía.

—Síganme —decía, y los otros niños lo seguían. Un niño Lakota iba a donde deseaba y Rizos deseaba ir a todos lados. Llevaba a sus amigos a nadar en el río y a cabalgar lejos, sobre las llanuras. Lo seguían sobre los peñascos más altos, donde anidaban las águilas.

—Sean valientes —les decía—. Si somos valientes podemos ayudar a nuestra gente.

Cuando Rizos tenía once inviernos de edad, su padre llevó un caballo bronco al campamento.

—El primero que logre montarlo será su dueño —anunció Tashunka Witco. Entonces él y su mejor amigo, Espinazo Alto, entraron al tipi a comer. Cuando escucharon un griterío se apresuraron a salir para ver qué lo causaba. Rizos había montado el caballo bronco y este no lograba tirar a su jinete. Cuando el animal finalmente se tranquilizó, Rizos lo desmontó deslizando los brazos alrededor del cuello del caballo.

—Tu hijo tiene un caballo nuevo —dijo Espinazo Alto.

—Así parece —dijo Tashunka Witco.

Dos veranos después, Rizos se reunió con los hombres por primera vez para una cacería de búfalos. Era peligroso. Si el caballo tropezaba y tiraba al jinete, este podía morir pisoteado. Era difícil alcanzar con un flechazo a un búfalo corriendo. Hasta los mejores cazadores con frecuencia tenían que disparar varias flechas para derribarlo.

Cuando los cazadores bajaron en sus caballos por el cerro, los animales comenzaron a correr. Sus pezuñas sonaban como truenos. El rápido caballo de Rizos lo hizo adelantarse de los otros. Pronto estaba en medio de la manada, junto a un enorme búfalo. Mientras guiaba a su caballo con las rodillas, Rizos jaló la flecha y la soltó. Voló certera y derribó al búfalo. Cuando los otros lo alcanzaron, Rizos estaba parado junto a su primer búfalo.

—Le doy este búfalo a todos aquellos de nuestro campamento que no tienen quien cace por ellos —dijo Rizos.

Rizos llevaba una buena vida, pero las cosas estaban a punto de cambiar. Los colonizadores *wasichu* empezaron a cruzar por las tierras Lakotas. El ejército construyó un fuerte. Dijeron que mantendría la paz entre los Lakotas y los blancos.

Un día, la vaca de un hombre blanco entró sin querer a un campamento Lakota.
Pisoteó un tipi y tiró las ollas, y un guerrero decidió matarla con una flecha. El colono
que era dueño de la vaca exigió al ejército que castigara a los Lakotas. El jefe Oso
Conquistador trató de evitar problemas. Ofreció una mula y cinco caballos por la vaca.

Los soldados blancos se negaron a aceptar el trueque y dispararon a los Lakotas con sus rifles y armas de carruaje. Oso Conquistador murió debido a sus heridas.

Rizos fue testigo de las cosas horribles que sucedieron. Se sentía profundamente afligido. Parado junto a los andamios funerarios, muchos pensamientos cruzaban por su mente. ¿Ahora qué le sucedería a su pueblo? ¿Quién los protegería? Rizos decidió que necesitaba una visión que lo guiara.

Normalmente, un joven necesitaría a un chamán que lo preparara para la búsqueda de su visión. El joven tendría que hacer ayuno y purificarse en un temazcal antes de iniciar con el rito. Pero Rizos sintió que no tenía tiempo.

Rizos se alejó del campamento cabalgando. Siguió por los riscos que estaban arriba del río hasta que localizó un hoyo para atrapar águilas, que había sido cavado en la tierra suave.

Entrelazó una soga entre las patas de su caballo pinto para que no se alejara. Subió el cerro, se quitó la ropa y entró al hoyo. Se sentó y rezó para que le llegara una visión.

Pasó el día y llegó la noche. Rizos no salió del hoyo. Pidió fuerza para ayudar a su gente. Pasó un segundo día con su noche. Sin comida ni agua, Rizos seguía rezando.

—Wakan Tanka —exclamó—. Gran Misterio, aunque soy pequeño e insignificante, quiero ayudar a mi gente.

El amanecer del tercer día no trajo nada a sus ojos y oídos. Nada llegó hasta él, ningún espíritu, ave, animal, ni siquiera un insecto. Todo lo que veía era el cielo arriba y la tierra del hoyo.

Por fin, la tarde del tercer día, Rizos salió del hoyo. Apenas podía pararse. ¿Acaso le llegaría una visión? ¿No era digno de recibirla? Caminó cuesta abajo, tambaleándose, hasta donde estaba su pinto, comiendo junto a un álamo. Cuando se acercó al árbol, ya no podía mantenerse de pie.

Entonces llegó la visión. Era un jinete que montaba el caballo de Rizos, pero el caballo y el hombre flotaban en el aire. Conforme se acercaba, Rizos descubrió que el hombre portaba mallas azules y no tenía la cara pintada. Una sola pluma colgaba de su cabello largo y castaño. Detrás de una oreja tenía amarrada una piedra redonda. Un halcón de plumas rojas volaba sobre la cabeza del hombre.

Entonces Rizos escuchó unas palabras que nadie dijo.

"No guardes nada para ti".

Aunque surcaban balas y granizo por el cielo, nada tocaba al jinete.
Nubes de tormenta giraban en lo alto. Retumbaban los truenos, pero el
hombre continuó su camino. En una mejilla el jinete llevaba pintado un
rayo. Manchas de granizo marcaban su pecho.

De pronto, muchos Lakotas rodearon al jinete. Algunos lo sostenían
mientras otros trataban de tirarlo del caballo.

Rizos sintió en sus hombros unas manos que lo sacudían. Abrió los ojos. Su padre y Espinazo Alto lo miraban de cerca, preocupados. Rizos miró más allá de ellos. Su caballo pastaba con tranquilidad, amarrado como lo había dejado antes de recibir su visión. No llevaba jinete, pero un halcón de plumas rojas se había posado en un arbusto cerca del caballo.

—¿Qué haces aquí? —exigió saber su padre.

—Vine en busca de una visión —dijo Rizos.

Quería contarles lo que había visto para que lo ayudaran a entenderlo.

Pero el rostro de su padre estaba lleno de ira.

—No estás preparado —dijo su padre—. ¿Cómo puedes hacer esto sin entrar a un temazcal? ¿Cómo esperas una visión verdadera sin que te guíen tus mayores?

Rizos buscó la opinión de Espinazo Alto, pero este también estaba enojado. No lo escucharían, así que guardó silencio. Dejó que lo llevaran al campamento. Guardó la visión en su corazón y no la compartió con nadie.

Pasaron tres inviernos. Rizos no se había convertido en una persona distinta, pero sí en una persona mejor. Ningún otro joven era tan serio y generoso. Incluso hablaba menos que antes, pero cuando lo hacía, sus palabras siempre eran claras y estaban llenas de sabiduría.

Finalmente Tashunka Witco decidió que era el momento de hablar con su hijo sobre su visión. Se sentó junto a Rizos en el temazcal y escuchó en silencio mientras el joven describía la poderosa visión que había recibido.

—El hombre del caballo —dijo el padre de Rizos— es el hombre en el que te convertirás. Serás el primero en defender a tu gente, aunque habrá quienes traten de detenerte. Mientras no guardes nada para ti, no habrá una flecha o bala que te dañe. Como tuviste esa visión, ahora tendrás un nombre nuevo. Te daré el mío. De ahora en adelante serás Tashunka Witco.

El joven, que se había llamado Rizos, escuchó las palabras de su padre. Su nuevo nombre se adecuaba a la visión del caballo que danzaba en la tormenta. A partir de ese día se le llamaría así. Sería reconocido como el más valiente de todos los Lakotas, el que siempre luchó por defender a su gente. En los días venideros, todo el mundo conocería ese nombre como tanto en inglés como en español: *Crazy Horse*, Caballo Loco.

NOTA DEL AUTOR

Algunos de los grupos Nativos más conocidos de Norteamérica son aquellos que se hacen llamar Lakotas, pero que algunas veces se conocen como Sioux. El pueblo Lakota está formado por siete naciones distintas, o "círculos de campamento": Oglala, Brule, Minniconju, Sans Arc, Blackfoot Lakota, Two Kettles y Hunkpapa. Cuando los Lakotas lucharon para defender sus tierras y sus familias durante el siglo XIX, Caballo Loco sobresalió como uno de sus líderes más valientes.

Caballo Loco era un hombre callado. Dijo poco durante su vida y murió joven, pero muchos lo describen como un genio militar, el hombre más valiente de un pueblo increíblemente valiente. Se dice que, siguiendo las palabras de su visión, Caballo Loco jamás fue dueño de nada. Aunque fue feroz en la guerra, era un hombre de una enorme bondad y siempre mostró compasión hacia su gente. Nunca usó el tocado de plumas de águila, ni se sintió por encima de otros. Sin embargo, dejó una huella indeleble entre quienes lo conocieron.

Caballo Loco jamás contó su propia historia. El libro más conocido sobre su vida es *Crazy Horse, The Strange Man of the Oglala*, escrito por Mari Sandoz, está basado en las memorias de su amigo Él-Perro, quien ya era muy anciano cuando Sandoz lo entrevistó; sobrevivió a Caballo Loco por más de 50 años.

Caballo Loco nació en las Colinas Negras de las Grandes Llanuras de Norteamérica, en un área cercana a la frontera que divide Wyoming y Dakota del Sur, en un día de otoño de 1841 o 1842. Tenía la piel clara y el cabello rizado. Sus padres eran Lakotas. Su padre era un chamán llamado Tashunka Witco, que significa "caballo loco".

Cuando nace un niño Lakota, se le da un nombre, pero este no es suyo para siempre. Más adelante, si el niño realiza un acto de valentía o un hecho importante, se gana su nombre de adulto. Algunas veces, como en el caso de Caballo Loco, es el padre quien renuncia a su propio nombre para ofrecerlo al hijo. Después de dárselo a su hijo, el padre de Caballo Loco fue conocido como Lombriz.

En el tiempo que vivió Caballo Loco, los Lakotas y otros pueblos Nativos de las Llanuras, fueron obligados, por los Estados Unidos, a abandonar sus costumbres ancestrales. Se anularon todos los tratados de paz que habían hecho con el gobierno estadounidense. Una vez tras otra, los Nativos fueron engañados y traicionados. Sin advertencia, aldeas que habían declarado la paz eran atacadas por soldados como el general George Custer. La ironía de su derrota en Little Bighorn, en junio de 1876, a manos de Caballo Loco y Toro Sentado, fue que la batalla se inició cuando Custer atacó por sorpresa una de esas aldeas que quería la paz.

¿Cómo murió Caballo Loco? Nunca recibió disparos de bala ni de flecha en una batalla. En septiembre de 1877, cabalgó al Fuerte Robinson para empezar acuerdos de paz. En lugar de eso, los soldados intentaron meterlo al calabozo. Caballo Loco se resistió y dos hombres Lakotas, que trabajaban de policías, le agarraron los brazos. Mientras Caballo Loco resistía, un soldado blanco llamado William Gentiles, corrió hacia él y lo acuchilló con su bayoneta.

Algunos dicen que Caballo Loco dio un largo discurso mientras agonizaba, perdonando al agente Lakota que lo había llevado al fuerte bajo engaño. Esto parece improbable ya que Caballo Loco era un hombre callado. Otros dicen que dijo solo tres palabras después de haber sido acuchillado: "¡Hey, hey, hey!". Y otros incluso aseguran que se dirigió a su padre, Lombriz, quien estaba a su lado. Le dijo: "Padre, estoy mal herido. De nada sirve que la gente siga dependiendo de mí".

La lucha de los Nativoamericanos, contra viento y marea, a pesar de que las probabilidades de ganar eran ínfimas, es material de leyendas. Actualmente, más de un siglo después, la gente Nativa contemporánea de Norteamérica todavía se siente inspirada por el honor y la valentía, la generosidad y la fuerza de los hombres y las mujeres de esos tiempos. Sin embargo, nadie inspira más que el niño que buscó una visión para ayudar a su pueblo y que se convirtió en el más grande guerrero de todos. Aunque está muerto, su espíritu sobrevive. La gente todavía depende de Caballo Loco.

NOTA DEL ILUSTRADOR

Como integrante de la tribu Sioux Standing Rock en los Dakotas, mi obra ha sido influenciada por el estilo de los cuadernos de contabilidad de mis ancestros. Pinté las imágenes de las guardas de este libro, usando el estilo original de los cuadernos de contabilidad originales de los pueblos Indígenas de las Llanuras, que incluye a los Lakotas. Muestra la batalla de Little Bighorn, que fue el logro más importante del jefe Lakota Caballo Loco.

¿Cuál es el estilo de los cuadernos de contabilidad y de dónde proviene? Durante la última parte del siglo XIX, el gobierno de Estados Unidos obligó a la población Indígena a vivir en reservaciones. Los pueblos Indígenas de las Llanuras fueron quienes opusieron mayor resistencia a esta medida. Como resultado, muchos de sus líderes fueron encarcelados y cientos de niños fueron enviados a internados en el este del país, cuya finalidad era "civilizarlos". Durante ese tiempo, algunos Nativoamericanos recibieron cuadernos para dibujar. Estos cuadernos tenían páginas rayadas y se usaban para llevar la contabilidad. Los artistas usaban lápices, bolígrafos y acuarelas en las páginas de estos cuadernos para crear poderosas imágenes de su cultura en extinción. Su obra se distinguía por figuras delineadas, de dos dimensiones, y rasgos faciales indistintos.

Para el pueblo Lakota, los colores tienen un significado especial. Por ejemplo, el rojo representa al oriente, donde cada día empieza con la salida del sol. El amarillo representa al sur, al verano y al lugar donde crecen las cosas. Pinté a Caballo Loco de azul porque simboliza al cielo y la conexión con el mundo de los espíritus.

Incluí otros símbolos tradicionales en el trabajo que hice para este libro. Los pueblos Indígenas de las Llanuras con frecuencia se pintaban ellos mismos, sus caballos y sus tipis. Creían que, al hacerlo, obtenían poderes especiales. Los guerreros se pintaban imágenes de rayos y manchas de granizo para representar el impresionante poder de la tormenta. Las imágenes de lagartijas y libélulas representaban su velocidad y su dificultad para ser atrapados. Las mujeres Lakotas preferían los diseños geométricos para decorar sus vestuarios, sus ponchos, los tipis y las cunas de madera. Usaban pinturas, púas secas de puercoespín y su ornamento favorito: coloridas cuentas de vidrio.

En este libro, no me he restringido a pintar en la forma tradicional. En algunas ilustraciones usé perspectiva, color y texturas más contemporáneas. Mi intención fue atraer a los jóvenes lectores a la historia. Espero que, a través de mis ilustraciones, los lectores no solo adquieran una mejor comprensión de quién fue Caballo Loco, sino también un conocimiento del arte de los pueblos Indígenas de las Llanuras. Todas las imágenes fueron pintadas con acrílicos sobre paneles de madera.

NOTA DEL TRADUCTOR

En mi trabajo no suelo traducir los nombres propios de las personas. Por ejemplo, no verás el nombre George Custer traducido como "Jorge Custer". Lo mismo sucede con los nombres Indígenas: jamás traduciría el nombre original de nuestro protagonista, Tȟašúŋke Witkó. Pero el autor del libro usa Crazy Horse, en inglés, por eso lo he traducido como Caballo Loco, que es como siempre se ha conocido a este personaje histórico en el mundo de habla hispana. Para mantener la uniformidad, también he traducido el resto de los nombres Indígenas que se mencionan en el libro: *Conquering Bear, High Backbone, Sitting Bull* y *He-Dog*.

También hemos tomado la decisión de rendir honor en este libro a las naciones Indígenas de Estados Unidos por medio de la capitalización de ciertas palabras.

No obstante, también me tomé algunas libertades, como usar la palabra temazcal para traducir *sweat lodge* (inípi en Lakota), ya que esta palabra náhuatl se refiere al lugar en donde los mexicas (aztecas) realizaban purificaciones tal como lo hacían los Lakota. Pude haber usado la palabra "sauna", pero entonces no comunicaría las raíces precolombinas de esta bella tradición que hermana a los Lakotas no solo con los pueblos Nativos de Estados Unidos sino también con el resto de las culturas Indígenas del continente americano.

Wli dogo wõngan. Para toda mi familia en muchas naciones —J.B.

A la memoria de todas esas noches, llenas de estrellas, cuando las luces boreales danzaron para un niño pequeño en las Llanuras del Dakota —S.D.N.

Traducción del texto por Luis Humberto Crosthwaite
Diseño del libro por Christy Hale
Producción del libro por The Kids at Our House
El texto de este libro usa la fuente Amerigo
Hecho en China por RR Donnelley
1 3 5 7 9 10 8 6 4 2
Primera edición
Library of Congress Cataloging-in-Publication Data
Names: Bruchac, Joseph, author. | Nelson, S. D., illustrator. | Crosthwaite, Luis Humberto, translator.
Title: La visión de Caballo Loco / por Joseph Bruchac ; ilustrado por S.D. Nelson ; traducido por Luis Humberto Crosthwaite.
Other titles: Crazy horse's vision. Spanish
Description: Primera edición. | Nueva York : Lee & Low Books Inc., 2024. | Audience: Ages 6–10. |
Summary: "A story based on the life of the dedicated Lakota boy who grew up to be one of the bravest defenders of his people"
—Provided by publisher.
Identifiers: LCCN 2023049865 | ISBN 9781643797205 (paperback) | ISBN 9781643797229 (ebk)
Subjects: LCSH: Crazy Horse, approximately 1842–1877—Fiction. | CYAC: Crazy Horse, approximately 1842–1877—Fiction. | Oglala Indians—Fiction. |
Indians of North America—Great Plains—Fiction. | Spanish language materials. | LCGFT: Biographical fiction. | Picture books.
Classification: LCC PZ73 .B685938 2024 | DDC [E]—dc23